By Tobispartan (Leonardo Gudiño)
ZONE BLACK

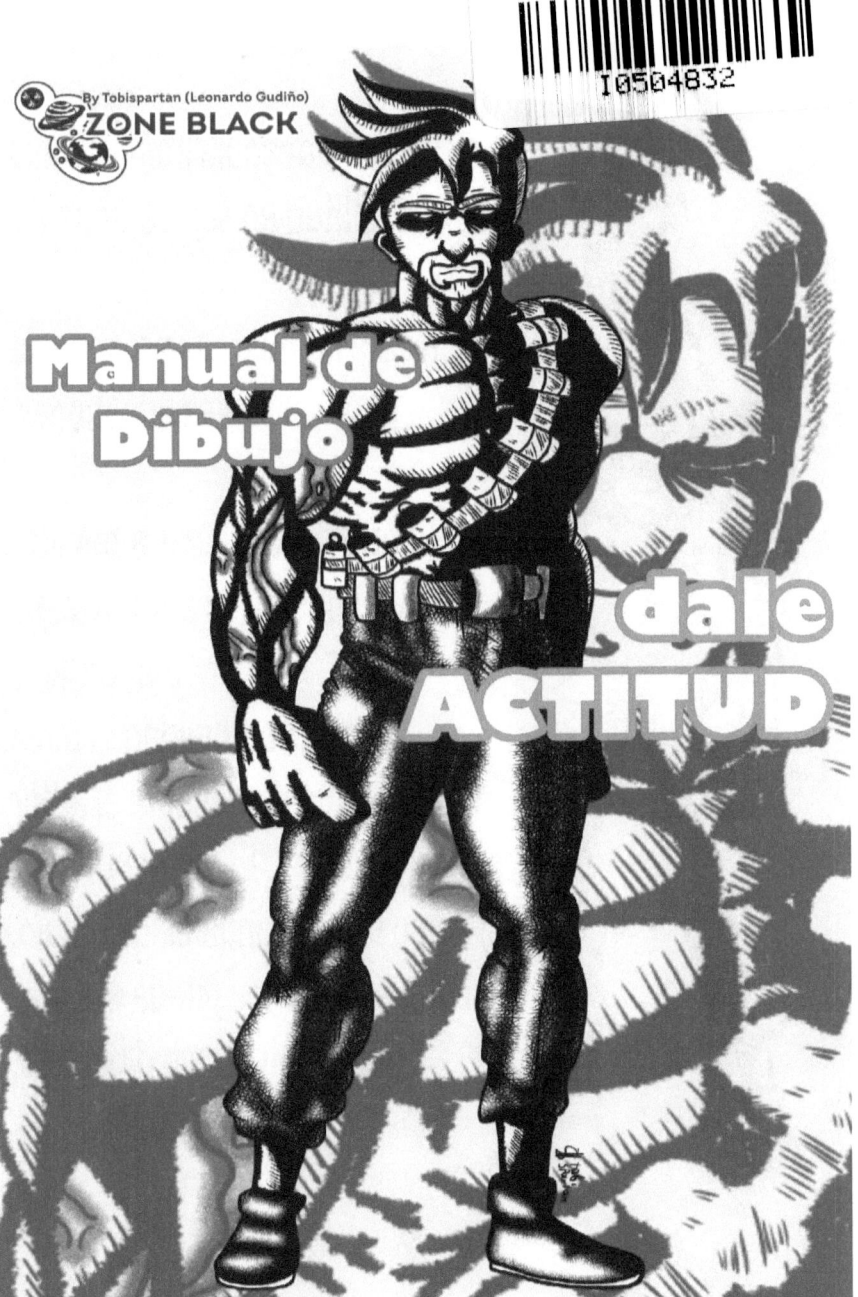

Manual de Dibujo

dale ACTITUD

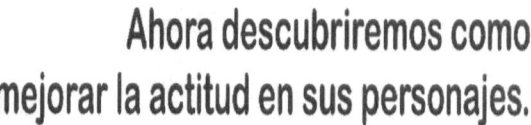

Ahora descubriremos como
mejorar la actitud en sus personajes.

En este manual es la respuesta
a esas cuestiones.

Aunque puede llegar a resultar
algo básico, el autor trabajo
para poder darle la
mejor continuidad al tema
recuerda que igualmente el autor
tiene publicado "El tao del Dibujo"
así como otros manuales de dibujo,
así que esperamos pueda mejorar
tu talento como dibujante.

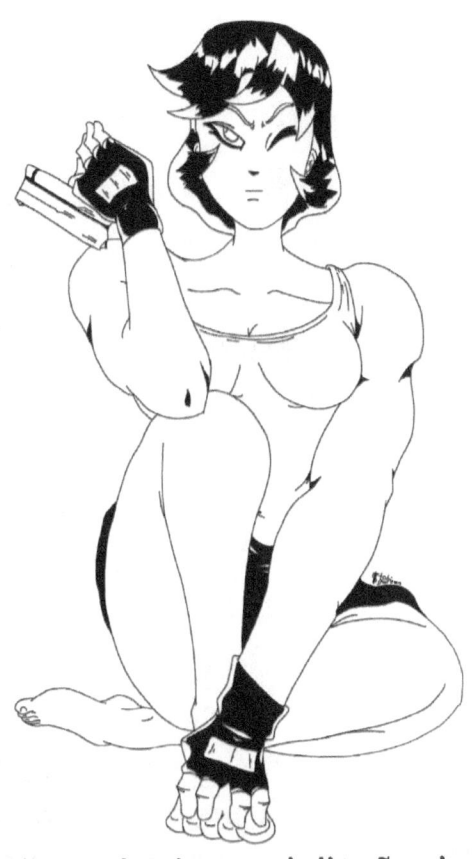

Un punto importante en el diseño de personajes
es darle una personalidad coherente con
la idea principal que se tenga, aquí veremos
algunas posturas y gesticulaciones
con las cuales entenderás como
darle mas presencia a las acciones
de tus personajes.

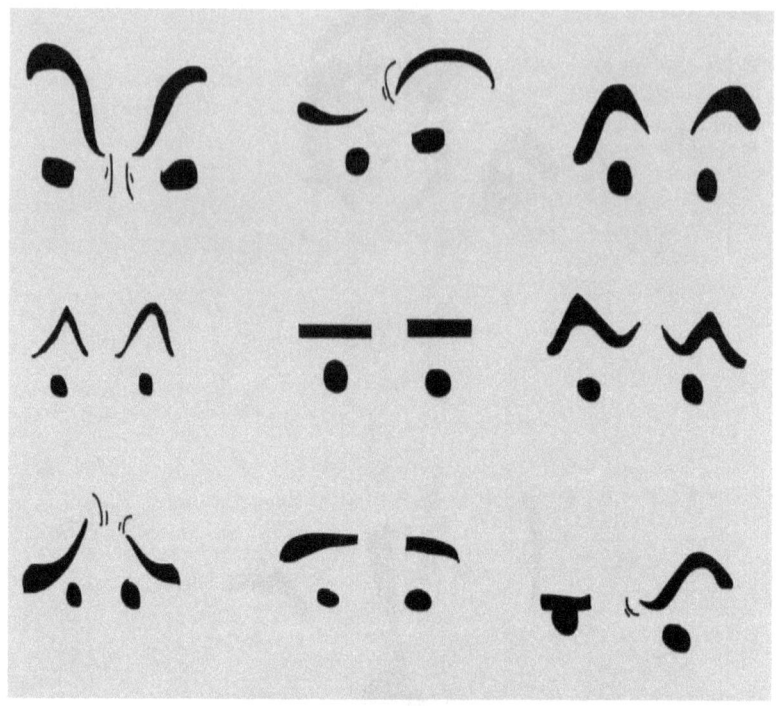

Una de los principales claves para la gesticulación
son las cejas, las cuales son muy representativas
del estado de ánimo; por ejemplo, cuando las
cejas se juntan en la linea central de la cara
y se arquean hacia abajo simulan la forma
de una persona enojada, pero cuando
las cejas hacen el efecto contrario
pueden representar sorpresa, susto o felicidad.

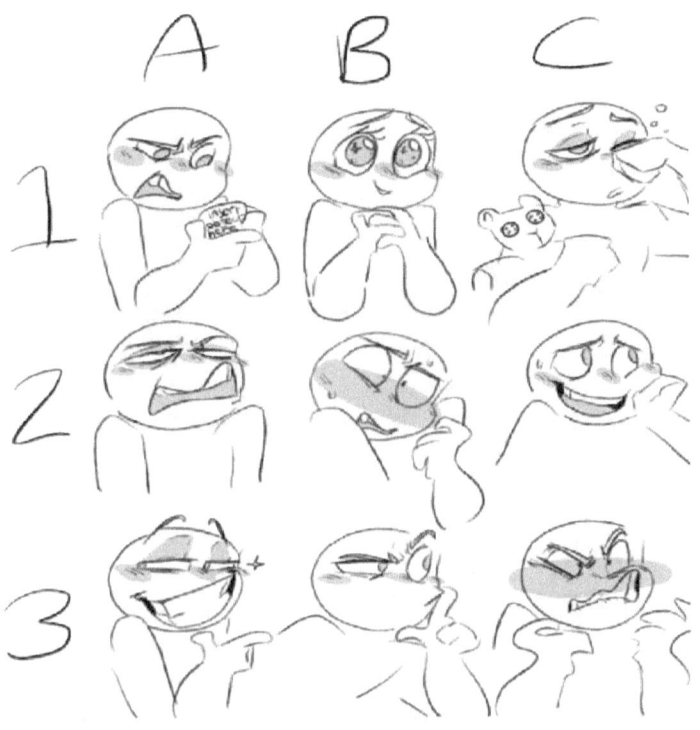

Cuando las cejas se arquean mas de lo normal,
se puede representar como una acción de
sorpresa o de suplica; cuando las cejas
se quedan en una postura normal pero
levantadas un poco, podría ser entendido
como una postura de desaprobación;
otra reacción de las cejas significa
extrañeza o soberbia.

5

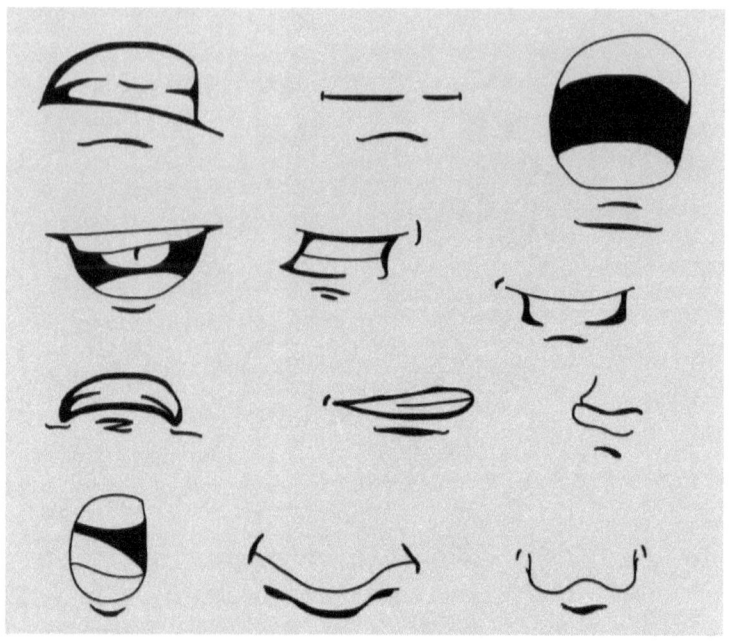

El segundo punto mas representativo de
emociones es la boca, y no tanto por lo que
se dice con ella, sino con los movimientos
de los labios y de los dientes.

Los movimientos de la boca mas comunes son
los arqueamientos, con un arco hacia abajo
o hacia arriba que pueden
representar alegría o enojo.

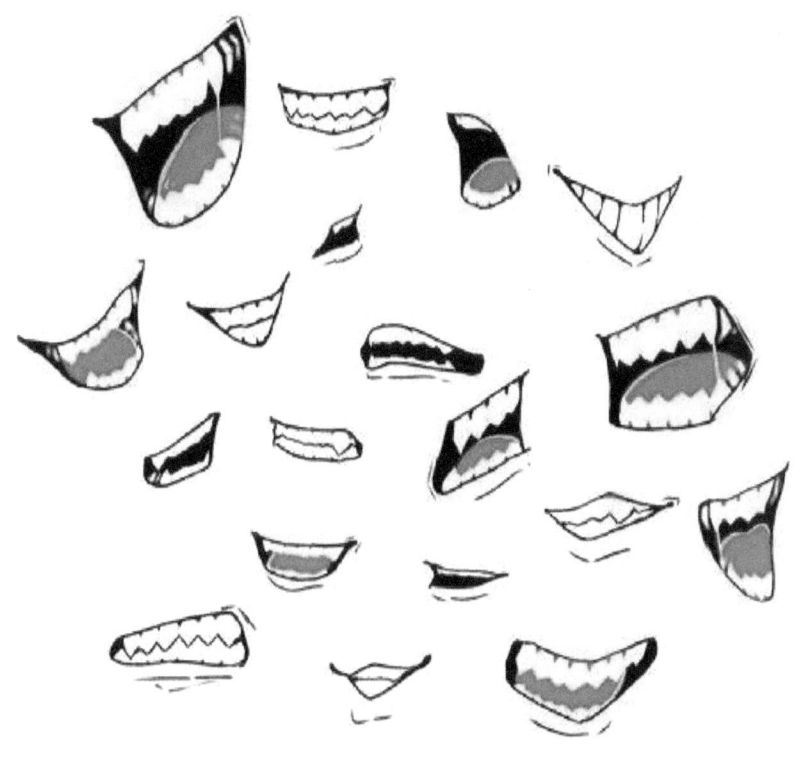

Pero no todo es arqueamiento, también
se puede dibujar la boca medio abierta,
ovalada, alargada, etcétera.

7

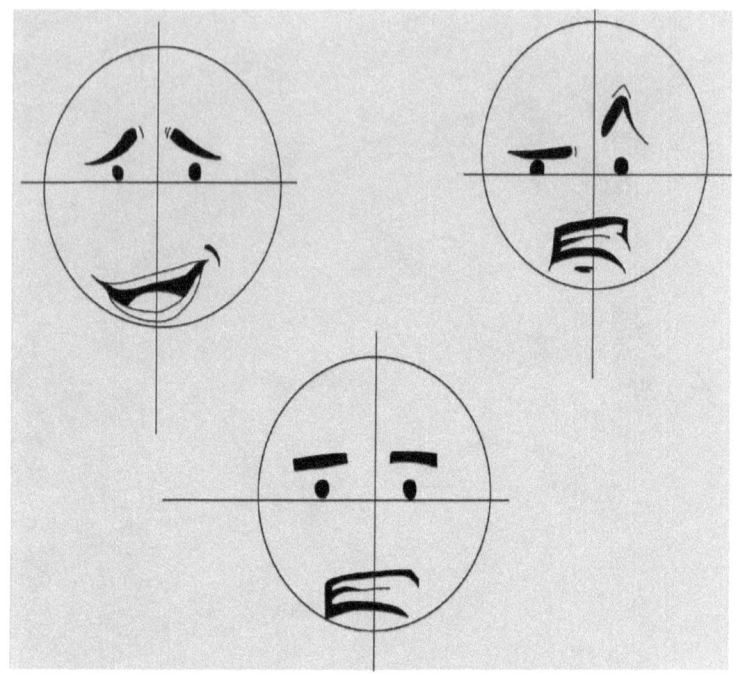

En estos ejemplos, se pueden ver claramente la gesticulación de la boca y los movimientos de las cejas.

Las cejas juntas, los ojos entrecerrados y la boca arqueada hacia abajo, es la expresión de enojo.

Mira como se resuelven expresiones como angustia o alegría.

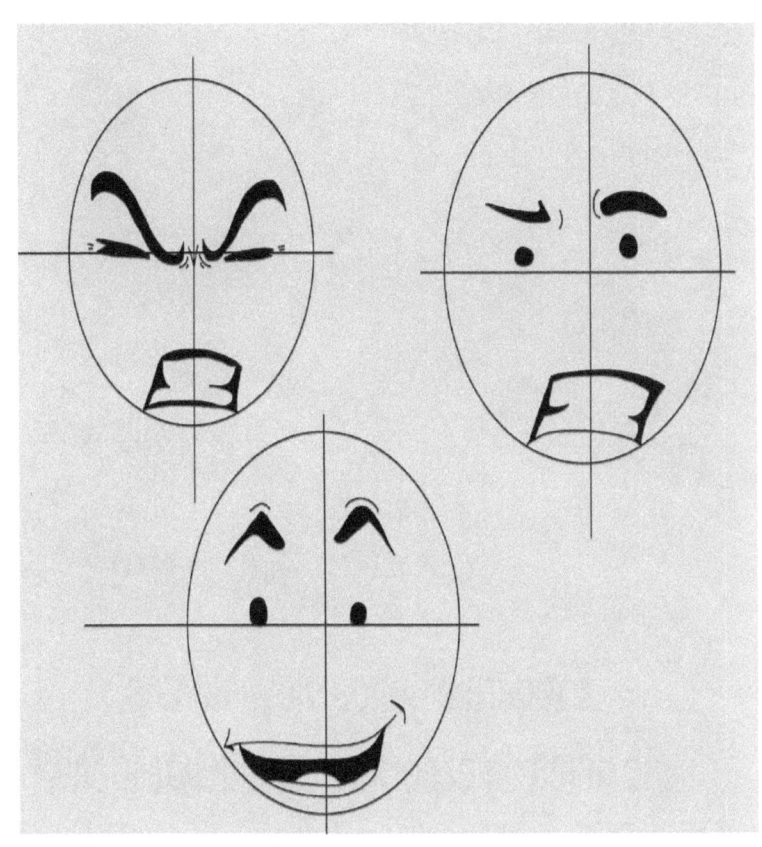

Combina estilos de cejas, y bocas
para obtener resultados diferentes cada vez.

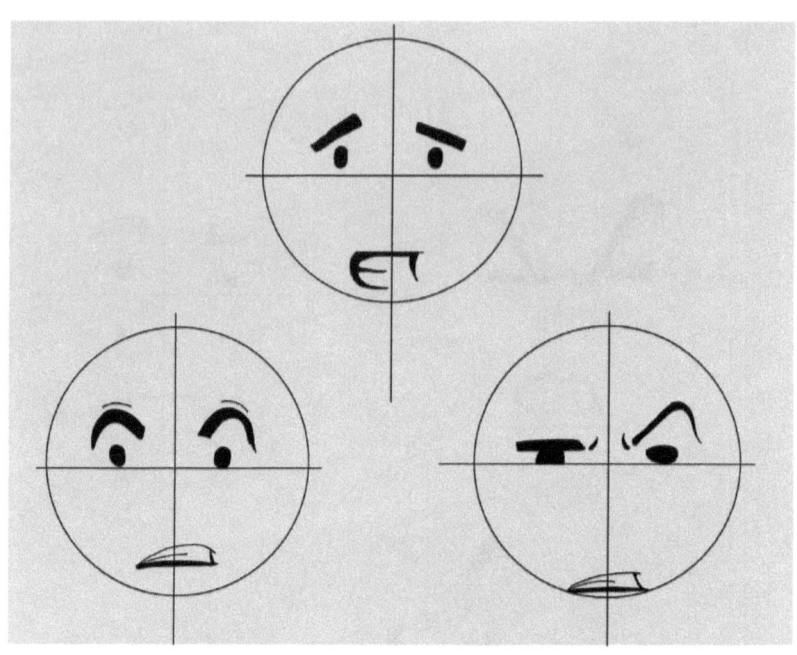

Exagera algunos movimientos,
no dejes de experimentar nuevas ideas.
Observa que al igual que la boca las cejas tienen
movimientos de arco, los cuales varían de acuerdo
a la intención que quieras darle a la actuación del
personaje.

10

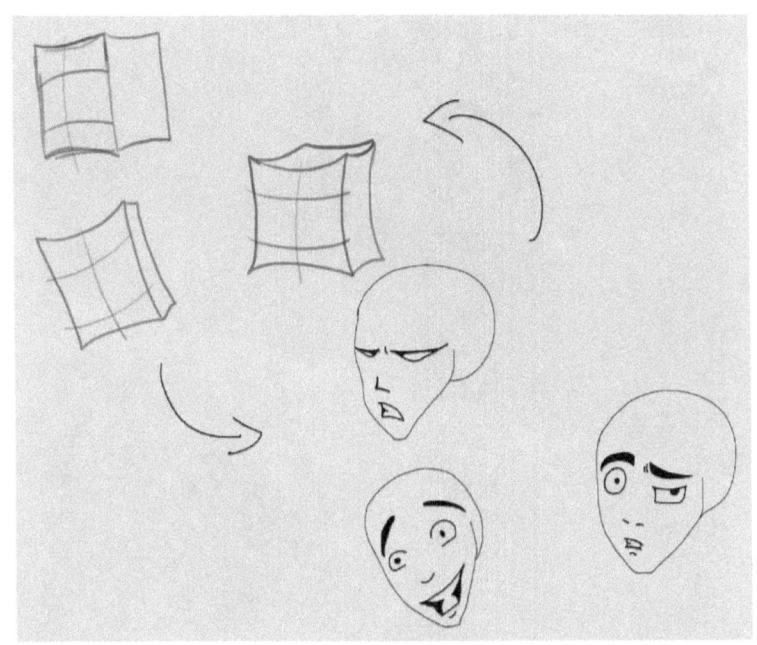

El siguiente paso para darle mas intensidad a tus personajes, es darle mas dramatización. La manera mas sencilla de hacerlo es dibujando primero al personaje y después dibujandote mientras te ves en un espejo.

11

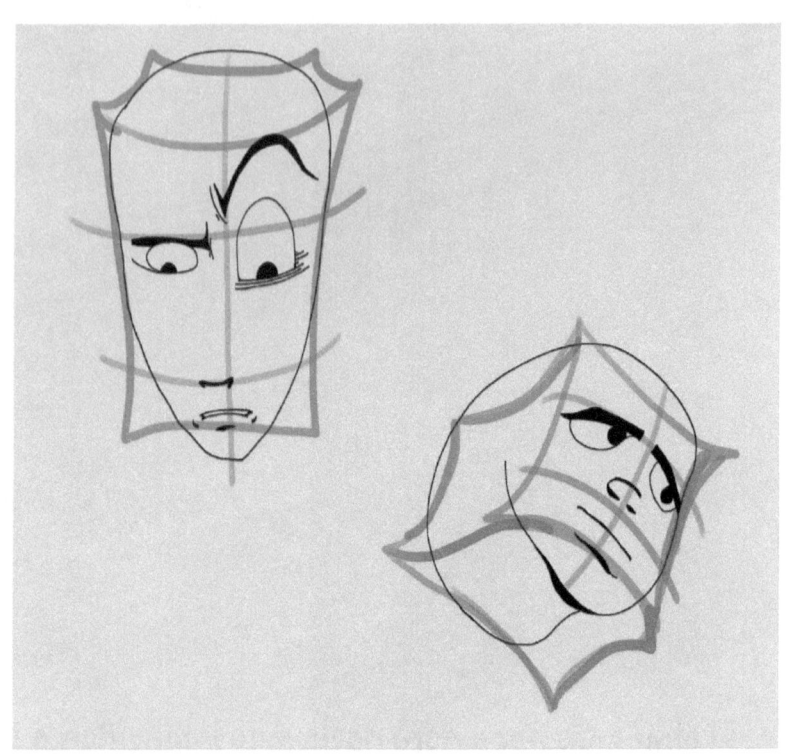

Haz caras chistosas o exageradas y dibujalas
en tu personaje, recuerda exagerar el movimiento
de las cejas y la boca, eso te ayudará cuando
se te acaben las ideas.

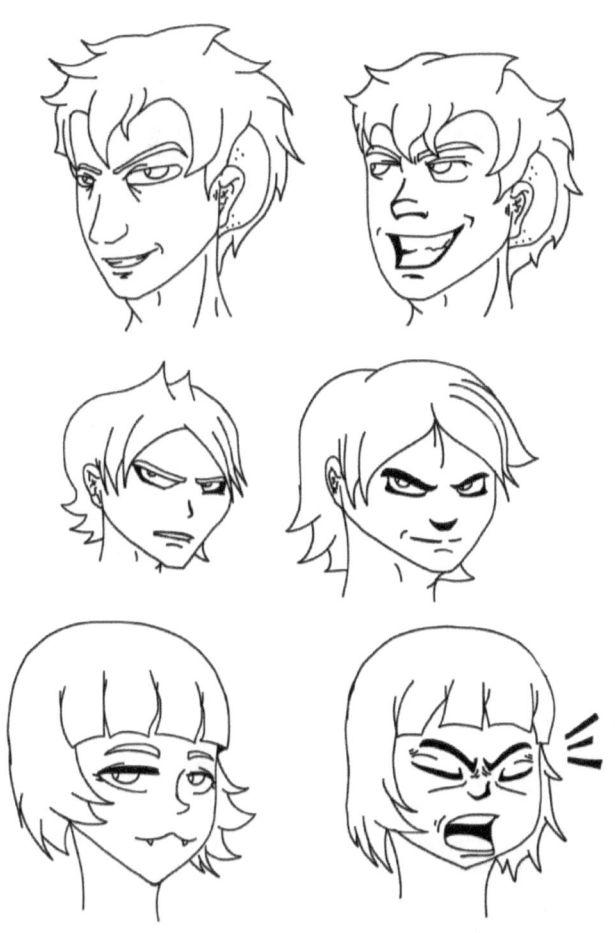

Usando la técnica de marcado de cejas, se pueden acentuar mas las expresiones.

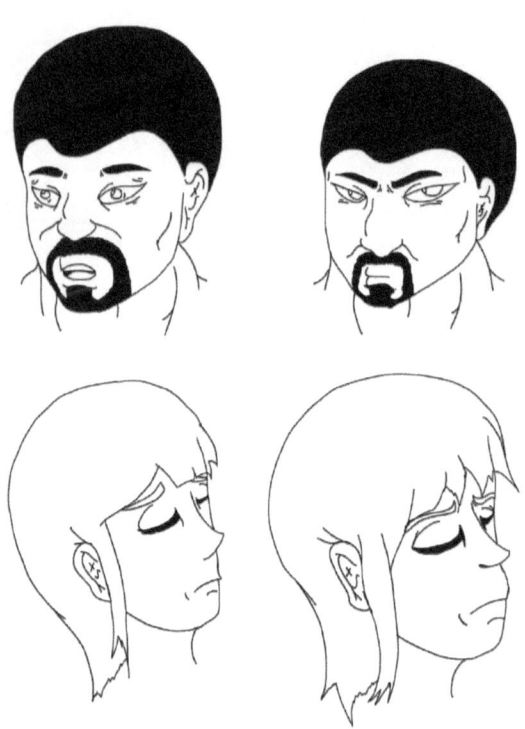

La intención de las expresiones también cambian
si variamos el punto de vista de nuestro
dibujo; si una chica está triste, dibujarla
vista desde arriba aumenta la sensación
de tristeza.

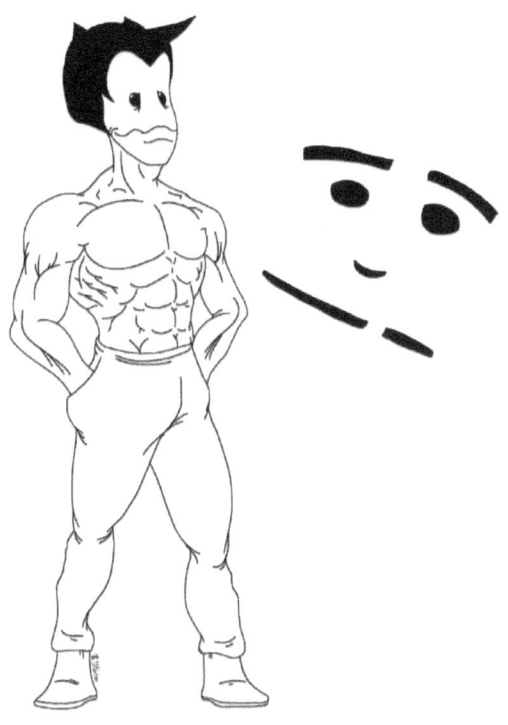

Algunas posiciones del cuerpo también nos dicen
el estado de ánimo del personaje.
En este ejemplo podemos definir al personaje
como tranquilo, sin preocupaciones. Su linea
de movimiento es ligeramente curva hacia atrás.

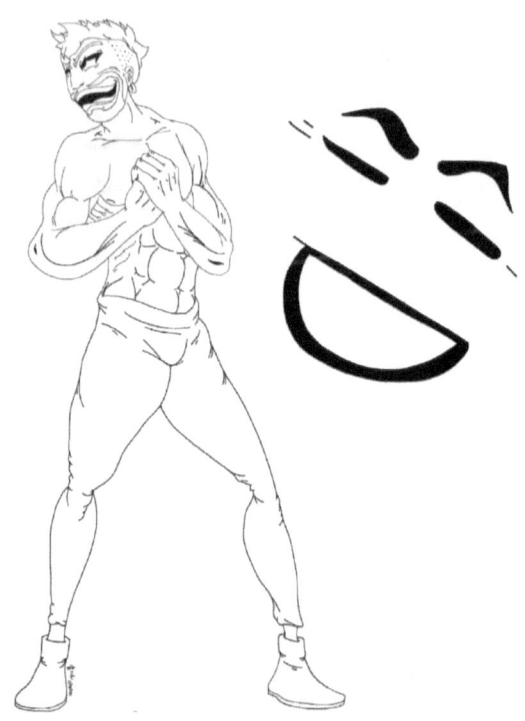

En esta caracterización de alegría,
la linea de movimiento es totalmente más
cargada hacia atrás, aparte del movimiento
del rostro, más concretamente de las cejas,
los ojos y la boca.

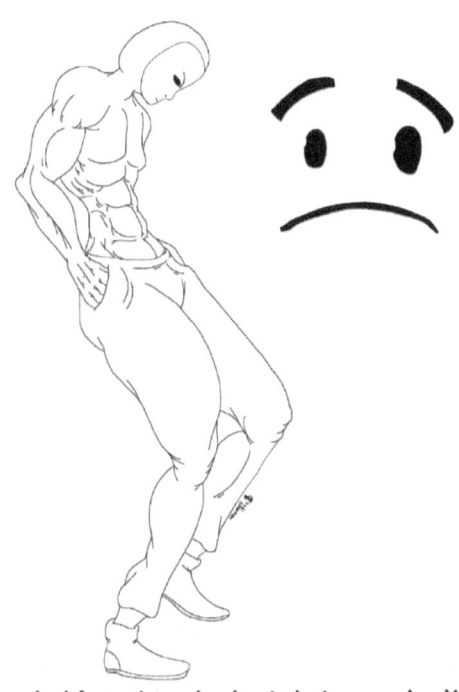

Esta posición simula la tristeza, la linea de movimiento es más curva, pero en esta dramatización la linea se mueve hacia adelante. La mirada se baja al igual que la cabeza. Esta debe de ser una característica que se debe acentuar mas tanto en la cara como en el cuerpo.

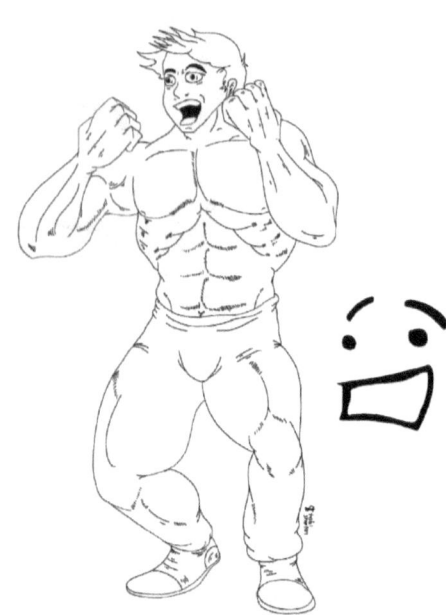

En esta imagen yo quise darle una intención
de temor al personaje; al igual que la pose
de tristeza podemos manejar la linea de
movimiento hacia adelante.
Este sentimiento es de los que debemos de trabajar
y acentuar más, ya que en ocasiones no damos
la suficiente intención y el espectador no llega a
creer lo que dibujamos.

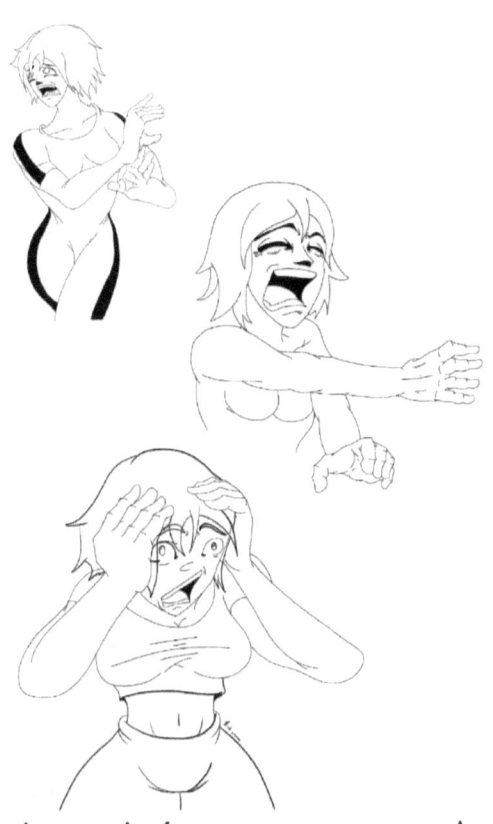

Estas son algunas imágenes que representan temor,
el detalle importante que logra que el receptor
entienda el mensaje es la cara, donde debemos de
acentuar las cejas y la boca.

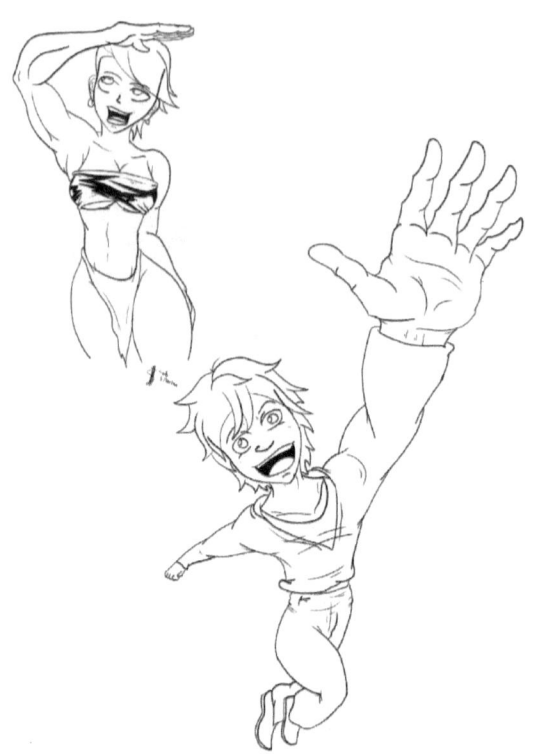

Cuando dibujamos a los personajes con una expresión de felicidad (que se compone de ojos, boca y cejas), las cejas suben ligeramente, la boca se abre más de lo normal y las comisuras de la boca se mueven a las partes laterales de la cara.

20

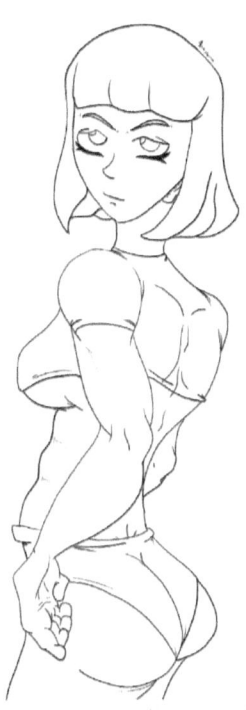

También en el caso de diseño de personajes,
es importante recalcar los detalles mas importantes
pero sobre todo en base a la personalidad.
Siempre es importante recordar que de la misma forma
en la que no sabemos el genero de un hijo, en el dibujo
primero debes poner el comportamiento y luego el genero.

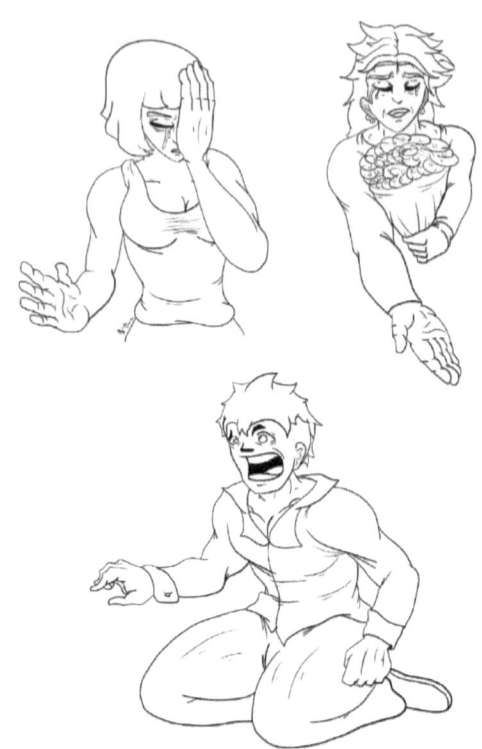

En la caracterización de la tristeza, se tiene que trabajar
más la linea de las cejas, ya que en la parte del ceño
las arrugas que se hacen son mas notorias, y el
movimiento que hacen las cejas de abajo hacia
arriba, terminando en la parte media de la frente.

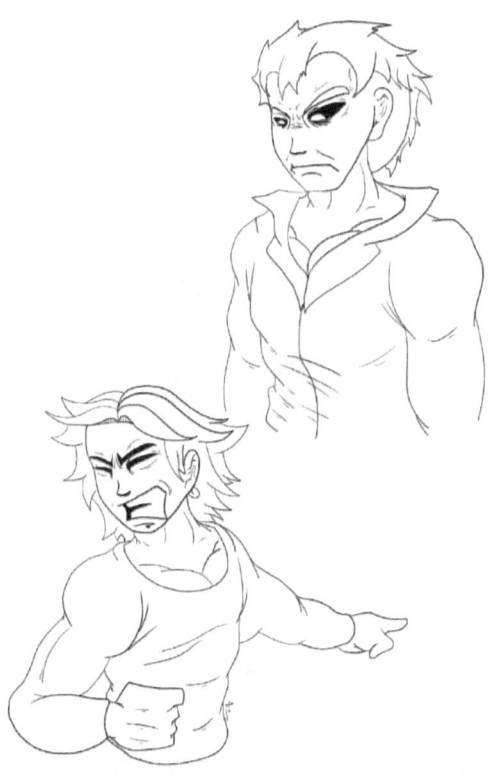

Si tu personaje necesita una caracterización de furia
o de enojado, debemos considerar los ojos marcando
la parte baja con sombras cargadas, después las cejas
bajan en la parte central de la cara, al final la boca y
los dientes se contraen para mejorar la expresión.

23

Para tener una actitud más espectacular, hay que hacer un buen producto de imagen en una buena ilustración, y darle un buen diseño de personajes. La linea de movimiento debe tener buena actitud, y hay que darle planos al dibujo en el papel.

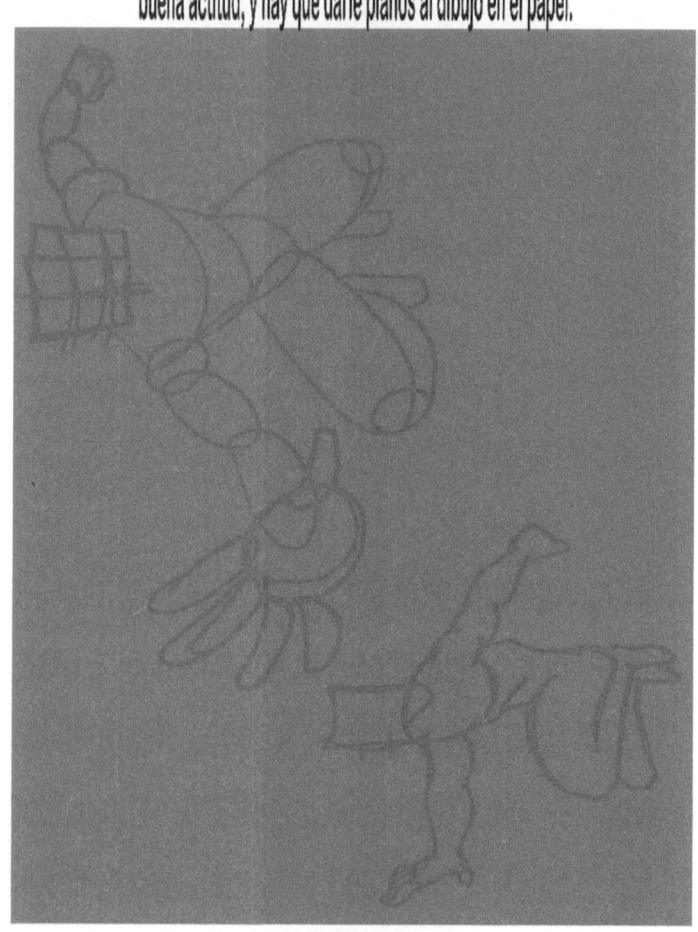

En la imagen se puede ver la mano en primer plano y el resto del cuerpo
pasa a segundo plano. A esto se llama "Escorzo", lo que
en pocas palabras significa darle tres dimensiones a un dibujo en una superficie plana.

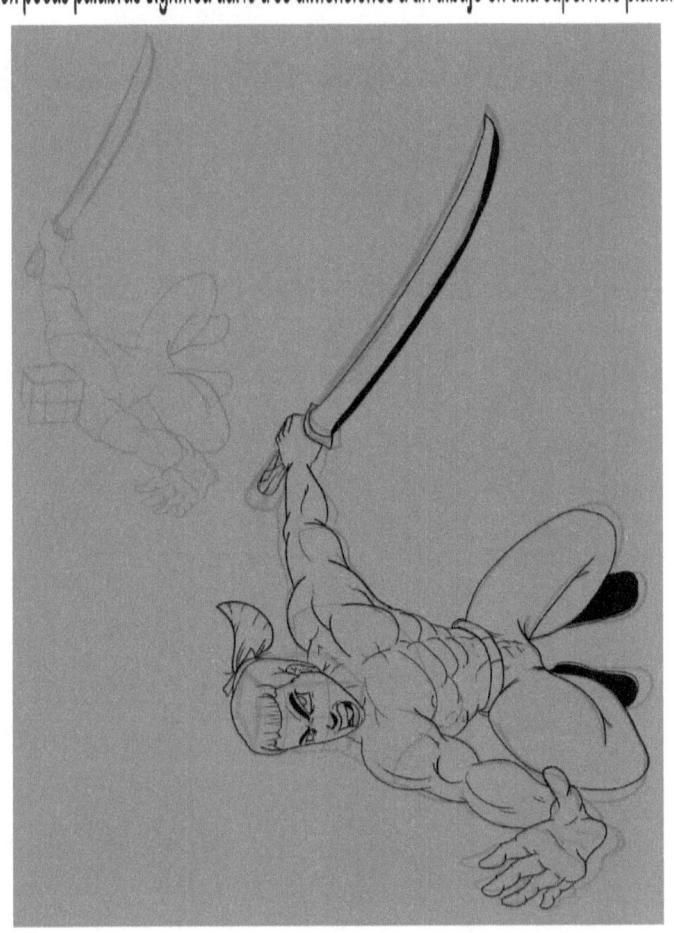

El escorzo solo se puede dar en el dibujo, la pintura y el bajo relieve, en estas imágenes puedes ver el proceso de la linea de trazo. Al dibujar un escorzo, la parte mas cercana a nosotros es grande a comparación del punto mas alejado, donde las cosas se hacen pequeñas.

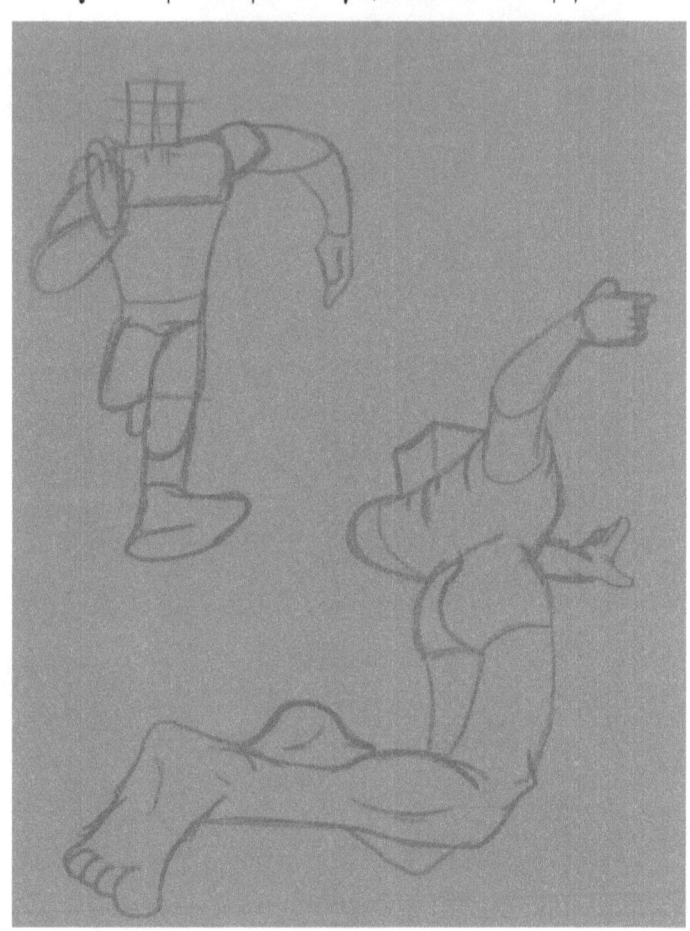

26

En esta imagen vemos como interactúan dos cuerpos, el cuerpo mas alejado es pequeño con referencia al cuerpo más cercano, el cuerpo que está en primer plano es mas grande, pero la mano lo es aun mas, ya que es el punto más cercano a nosotros. También el grueso de linea nos ayuda a marcar el escorzo, lo más cercano tiene una linea más gruesa.

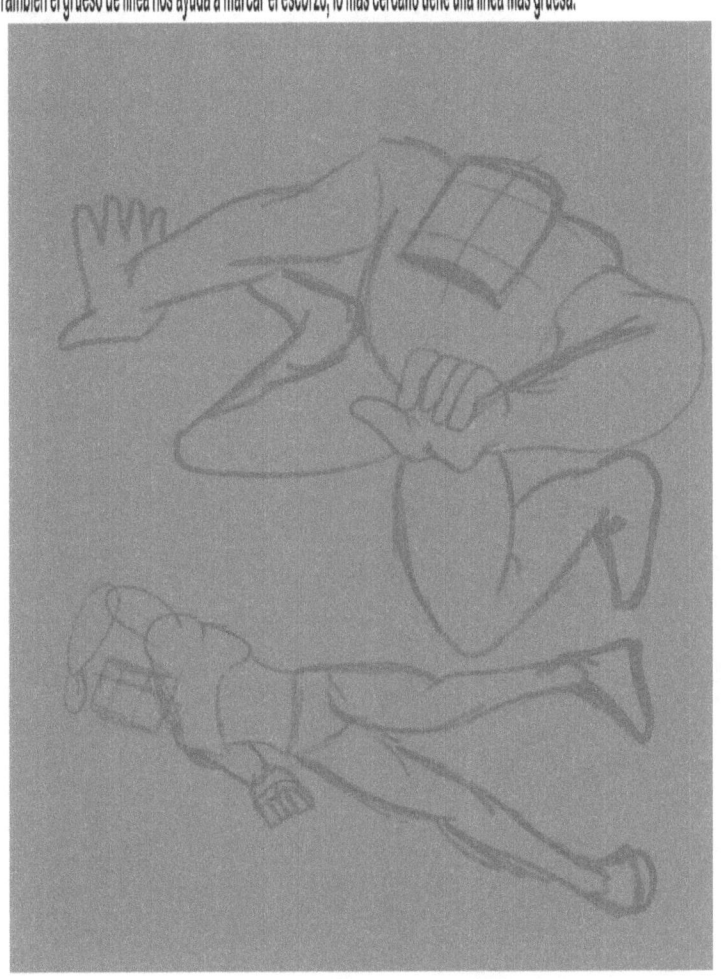

27

Cuando el dibujo es más bocetado, el trazo se ve errático, al contrario del dibujo con la línea definida.

Al final de algunos ejercicios, podremos entender este paso en el dibujo, conforme a la actitud de la cara

es la actitud del cuerpo y viceversa. En este dibujo desglosado, podemos entenderlo claramente por los pies,

ya que el pie que hace la acción es más grande que el pie de apoyo, otro punto importante es la línea de trazo.

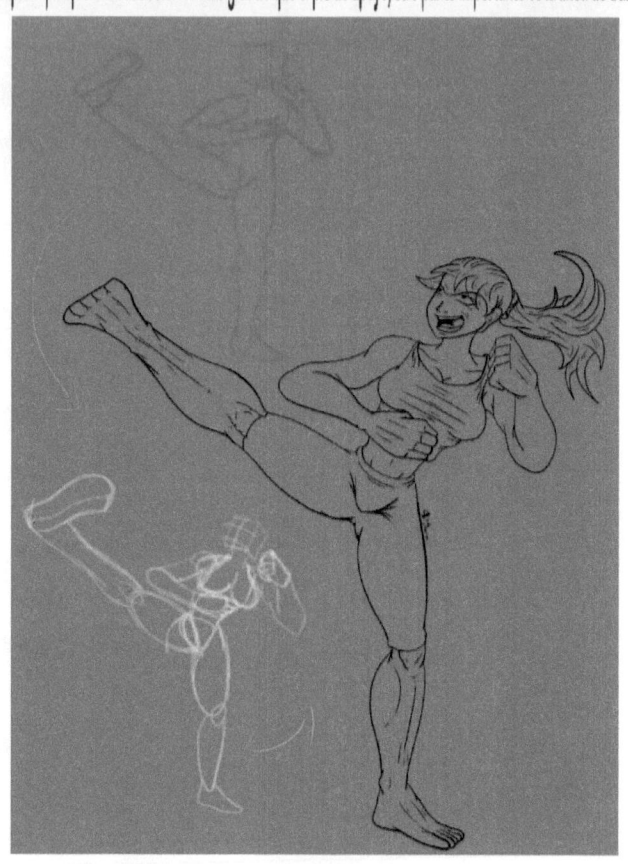

28

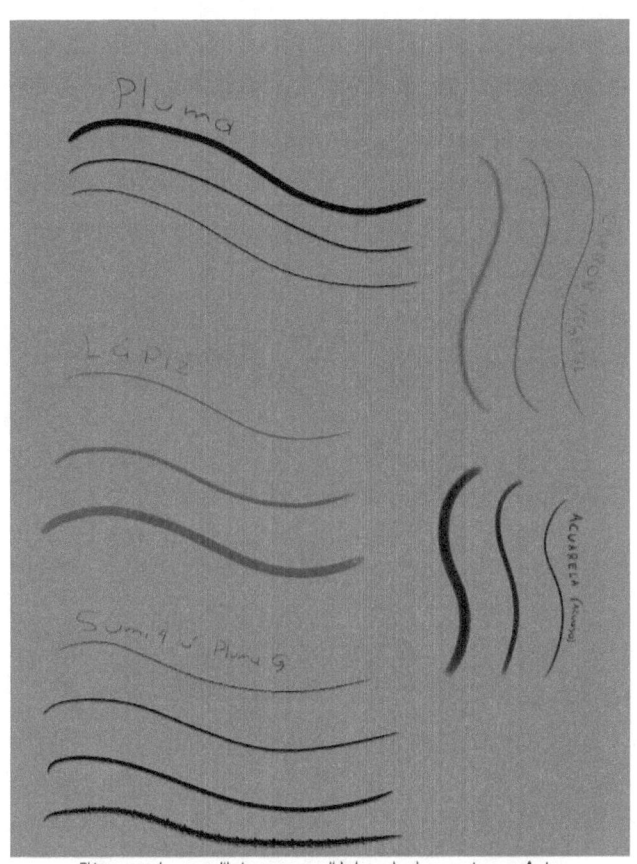

El truco para hacer un dibujo con personalidad es saber hacer un trazo perfecto.

Lo primero es hacer estos ejercicios que se ven en la pagina, usando diferentes materiales en este caso vemos la linea de pluma, lápiz, carbón vegetal, acuarela (acuoso), sumi 4 ó pluma G.

Mayormente los ejercicios son con la base para crear un trazado limpio y sin tanto temblores, para dar el resultado esperado para trabajar.

Al trazar, debemos de mover desde el hombro hasta el
lápiz, para hacer movimientos fluidos. Este es un ejercicio
en donde vemos el punto imaginario por el cual empezaría
a trazar hasta donde termina. Algunos ejercicios como el zigzag o el
que empieza con ondas también nos ayudan.

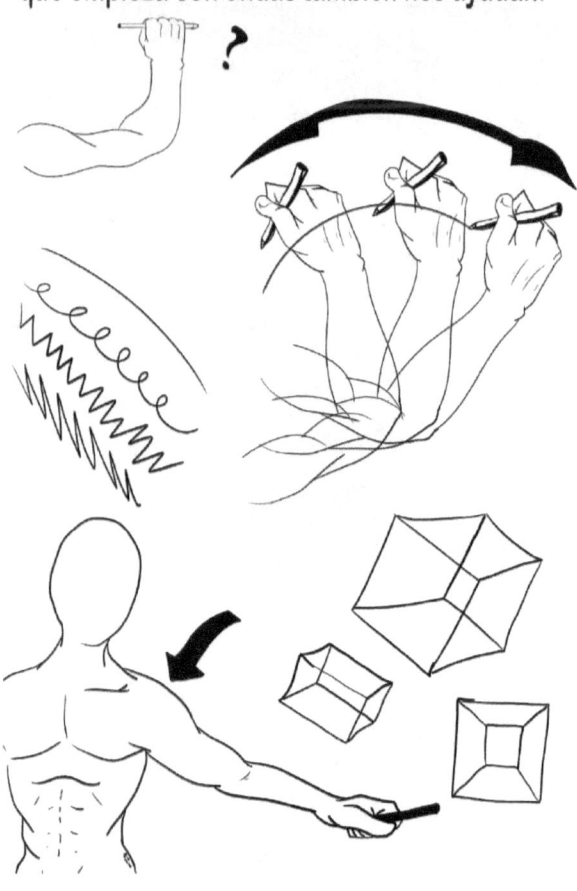

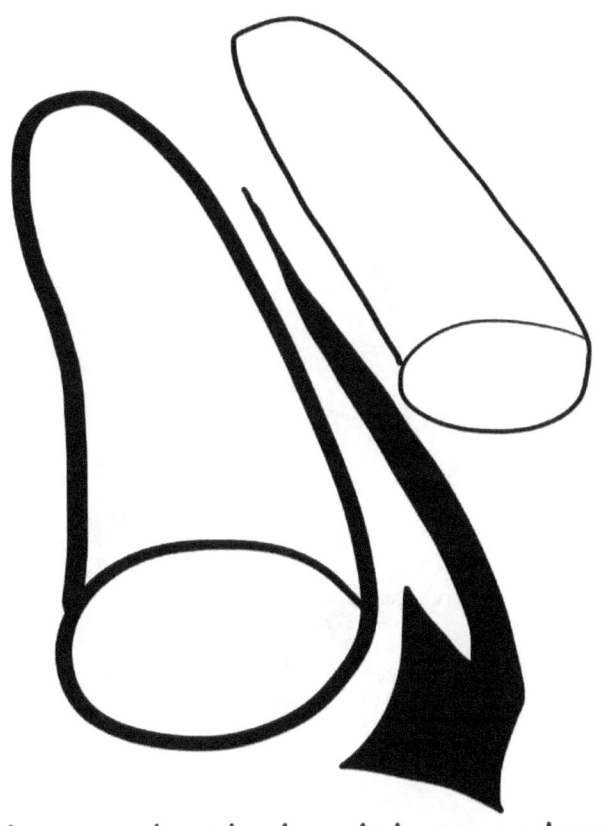

Este es un ejemplo claro de lo que podemos
hacer con la linea y un escorzo.
Claramente se ve que la parte más cercana a
nosotros, el trazo, se ve más grueso a comparación
del punto más alejado en donde la linea
se quedó con su familia.

31

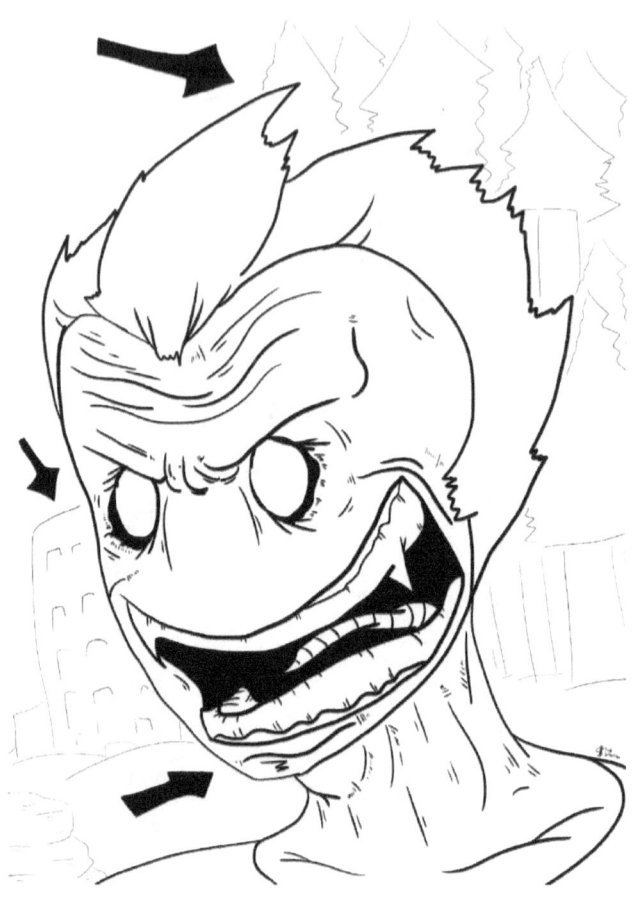

**Otro ejemplo de la linea es la
de recorte, usada para diferenciar
el personaje principal en contraste
con los fondos u otros diseños.**

La línea de recorte es regularmente usada en el estilo "Toon" y consiste en hacer el contorno de nuestro dibujo algo más grueso que el resto.

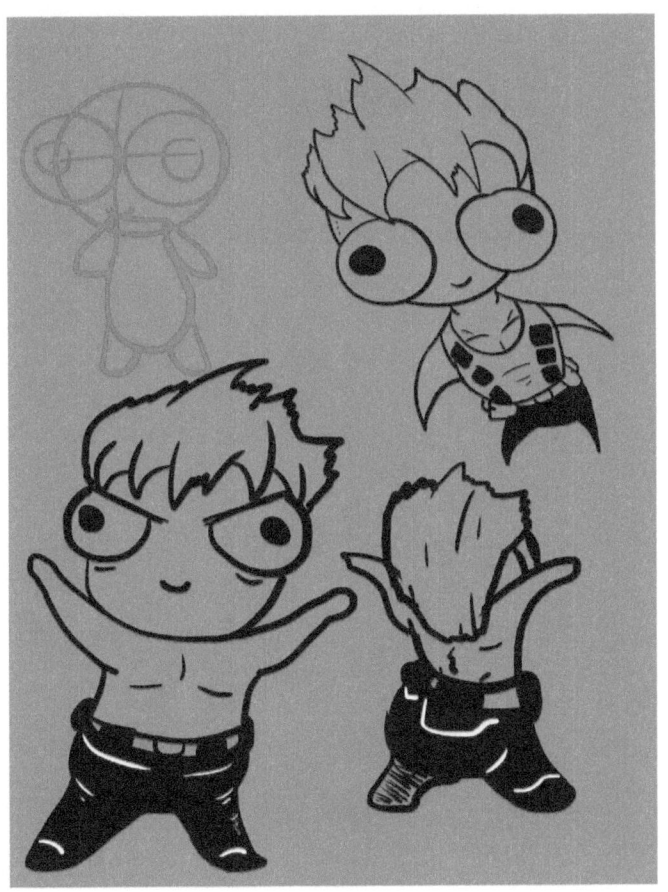

La línea gruesa también es una consecuencia del efecto luz y sombra.

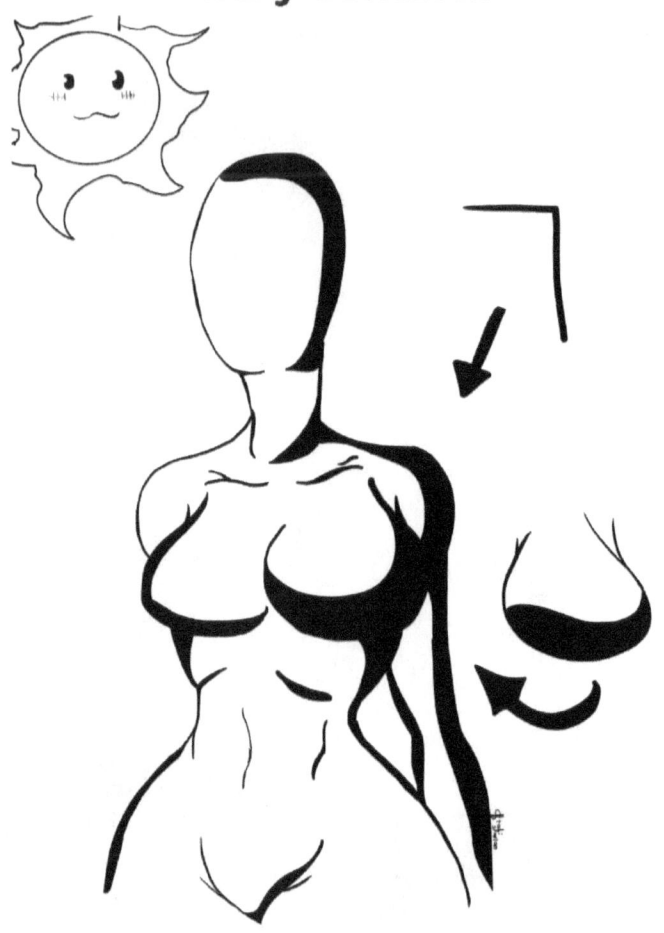

Este ejemplo es la consecuencia de la forma del trazo, la linea se hace más gruesa conforme se carga hacia la derecha, ya que las curvas están más cargadas hacia el lado izquierdo.

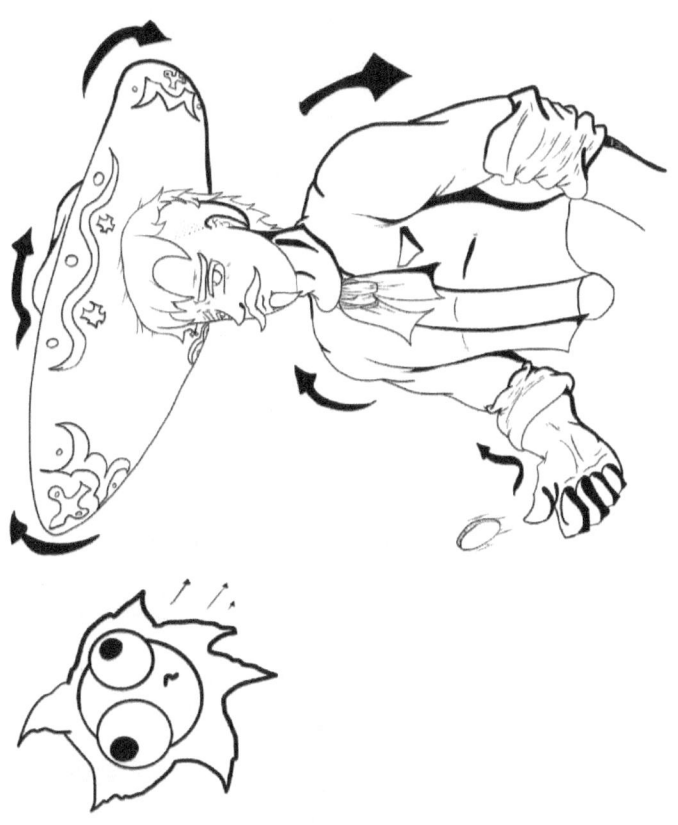

El ejemplo siguiente es una
consecuencia de la luz y de las sombras.
Al trabajar en alto contraste con las
formas podemos dar volumen
sin necesidad de colorear o poner
tonos grises.

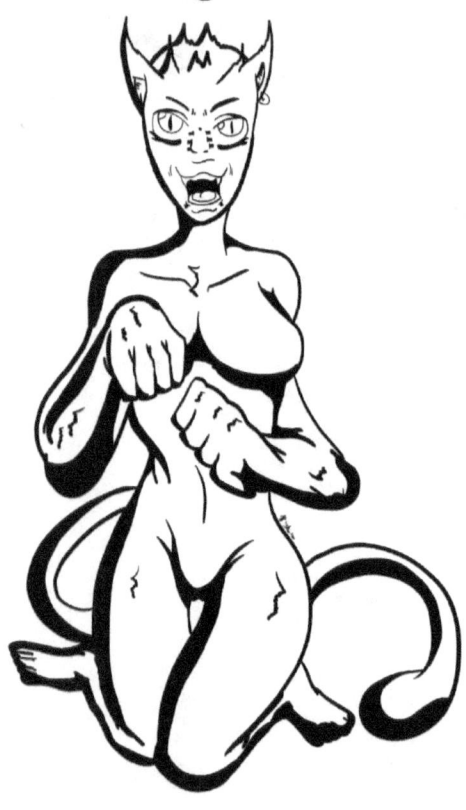

Otro ejemplo usando sólo gruesos y delgados en el trazo.

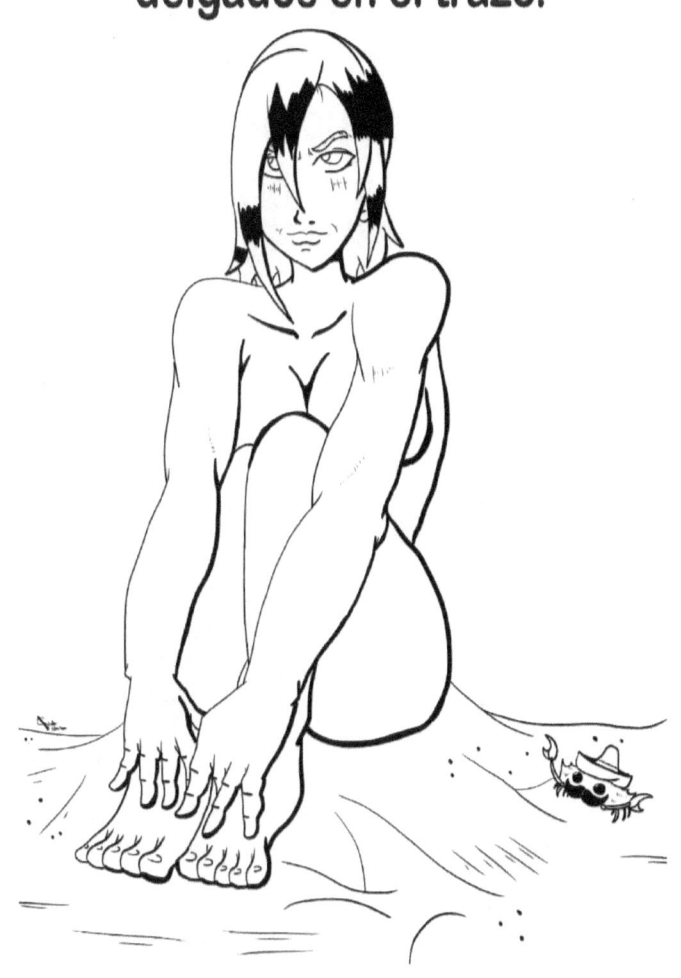

El siguiente paso para darle más presencia a tu personaje es variar de una figura humana típica a una con mejor estructura, musculatura y altura.

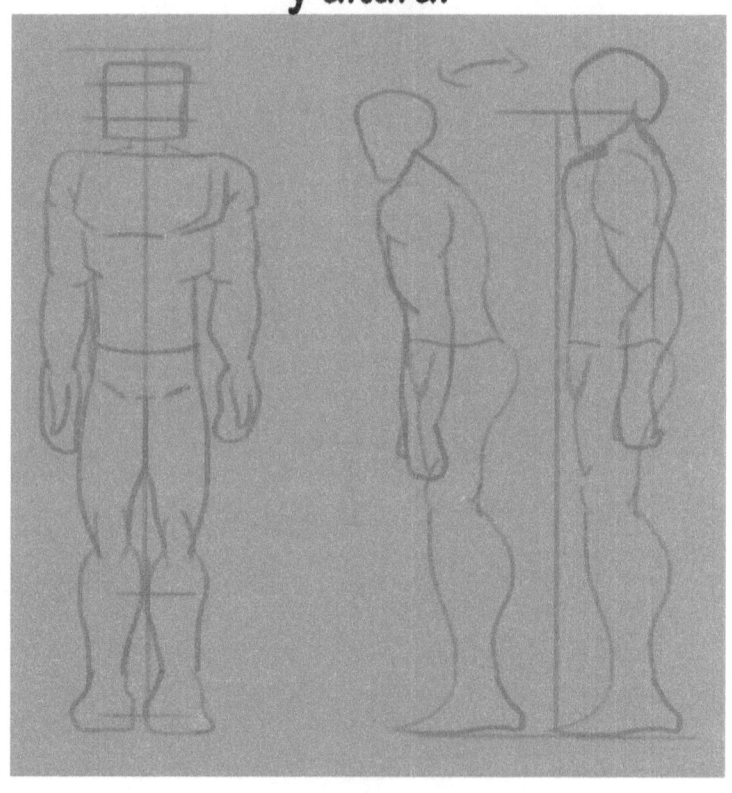

La linea de movimiento o la linea central es la que lleva el peso del cuerpo del personaje.

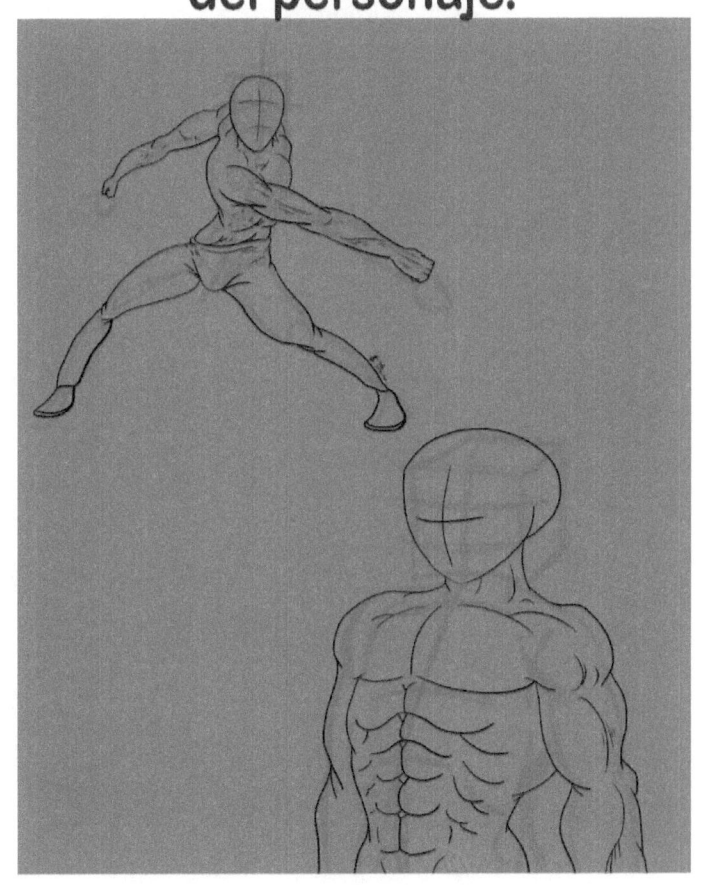

Es necesario aprender a manejar la línea de movimientos,
pues es imprescindible para poder realizar
dibujos más impactantes o con movimientos
más exagerados. Como siempre, la práctica
es lo importante para progresar en
la evolución de tu trabajo.

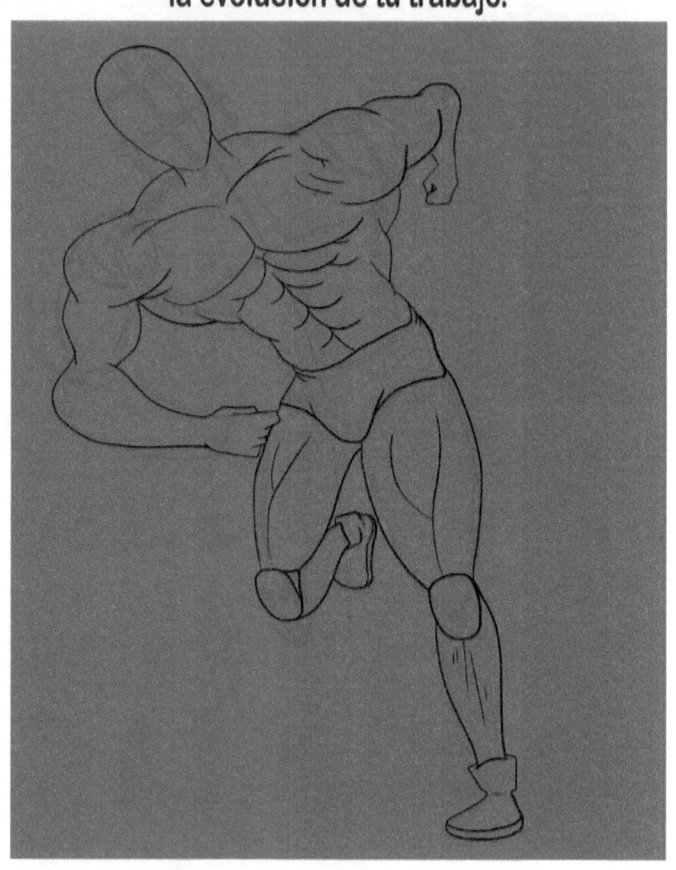

Ahora trabajaremos sobre el diseño...

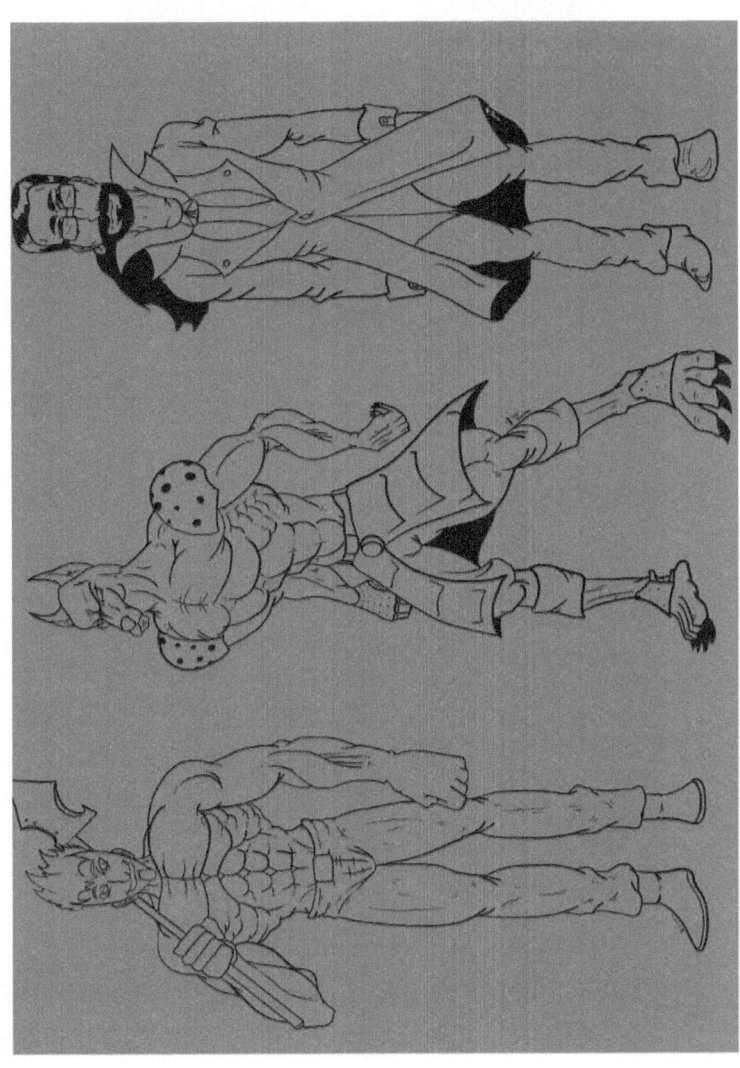

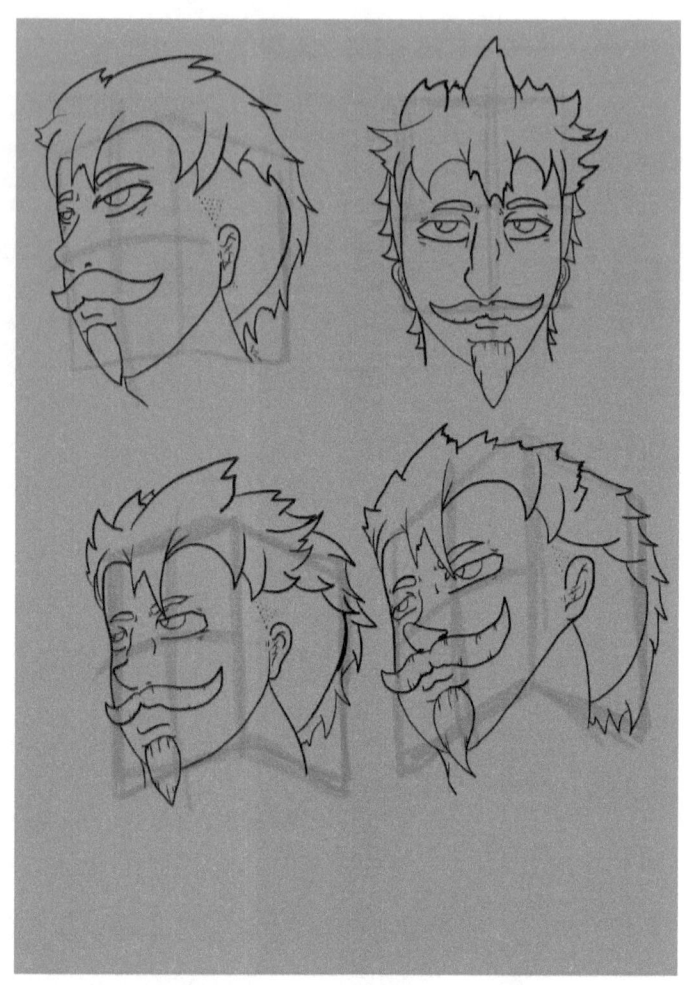

Practicando los ejercicios anteriores
podemos llevar a cabo el diseño de los personajes.
Lo primero es buscar una caracterización del rostro.

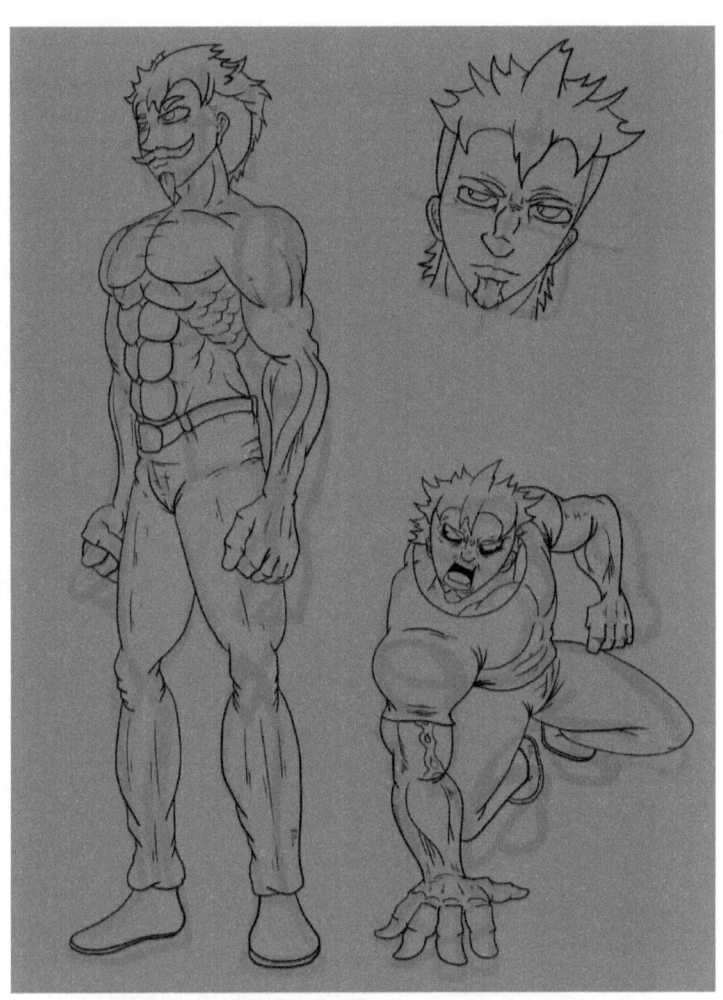

Estos son ejemplos de un trazo y linea de
movimiento en los cuales llevamos a cabo los
procesos que hemos estado viendo.

43

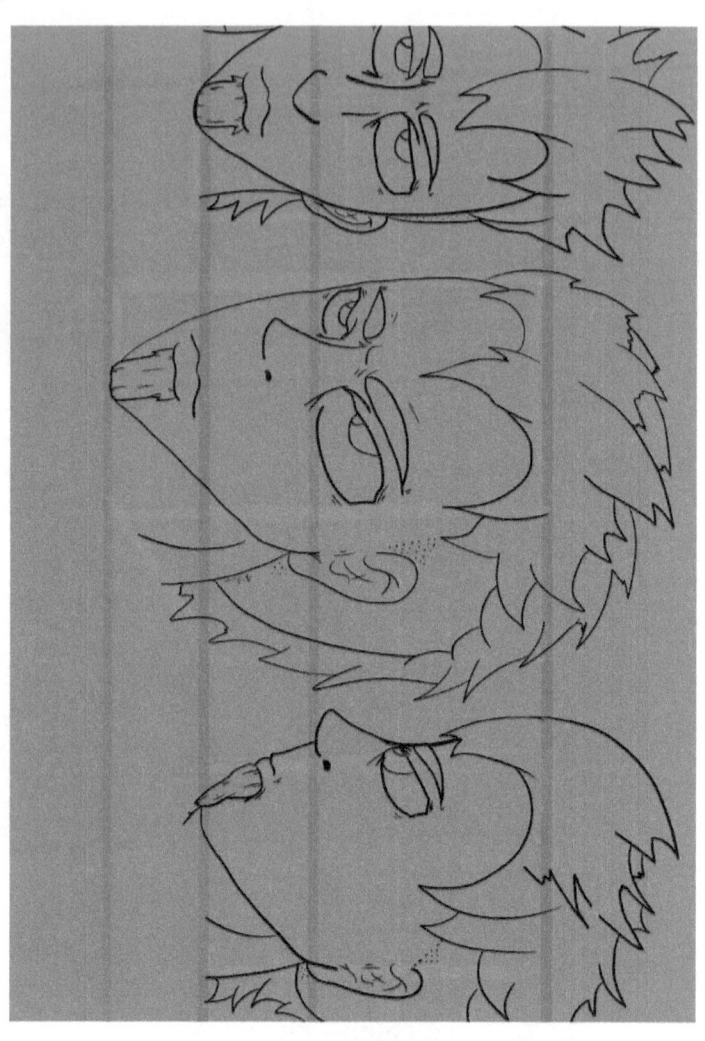

Lo siguiente es dibujar en tres vistas, las cuales son más recurrentes. Estas son frente, perfil y tres cuartos.

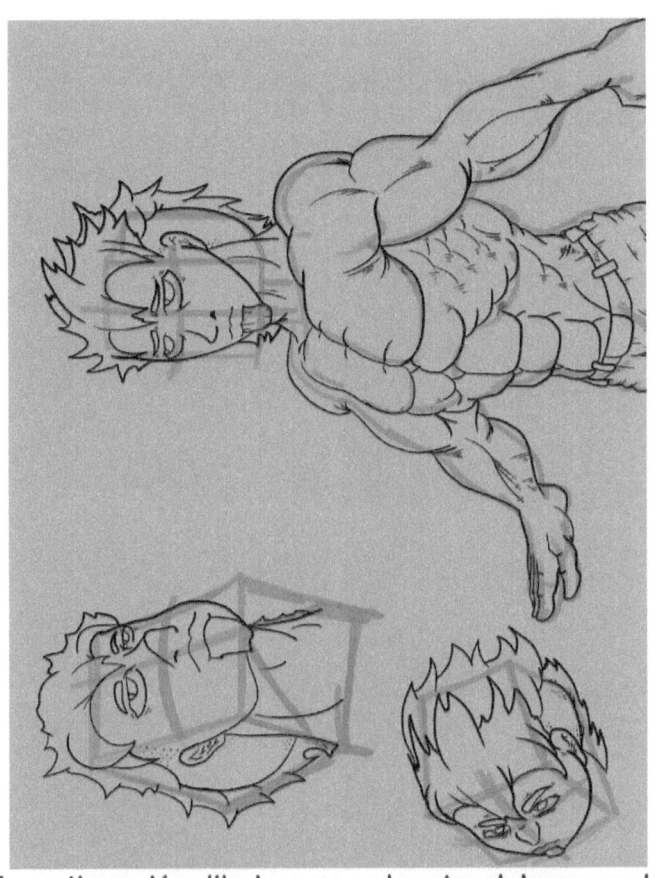

A continuación dibujaremos el rostro del personaje
en varios ángulos, ya que debemos tener noción
de cómo luce el personaje en sus diferentes ángulos.
Sabiendo cómo es el rostro, diseñaremos el cuerpo
completo. Éste es un personaje de acción,
así que el personaje debe ser atlético.

45

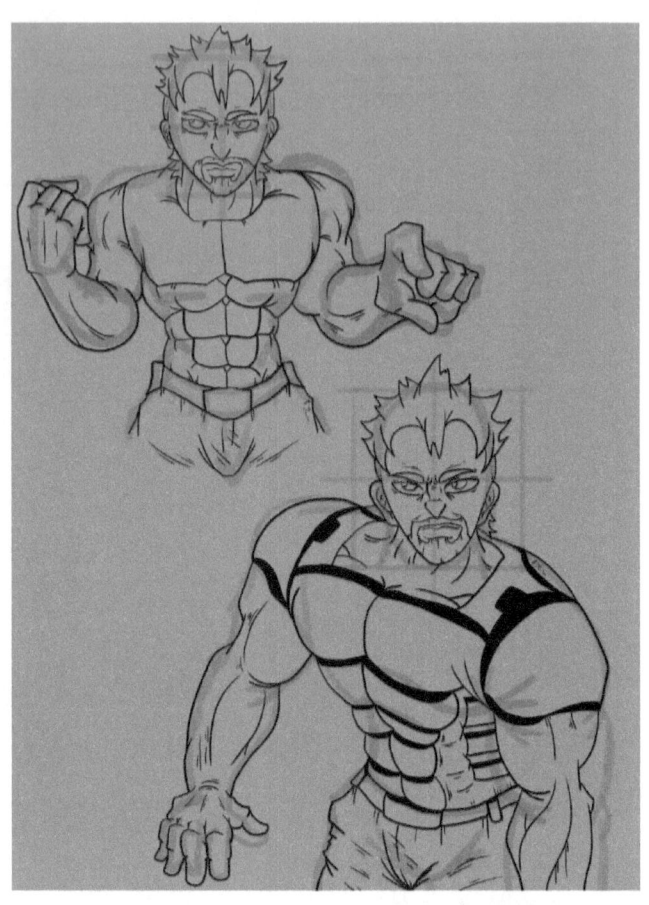

Hagamos que el personaje actúe.
Las primeras imágenes representan la ira,
las dos imágenes muestran como el personaje
esta a disgusto, que se nota por la boca, pues
luce tensa.

46

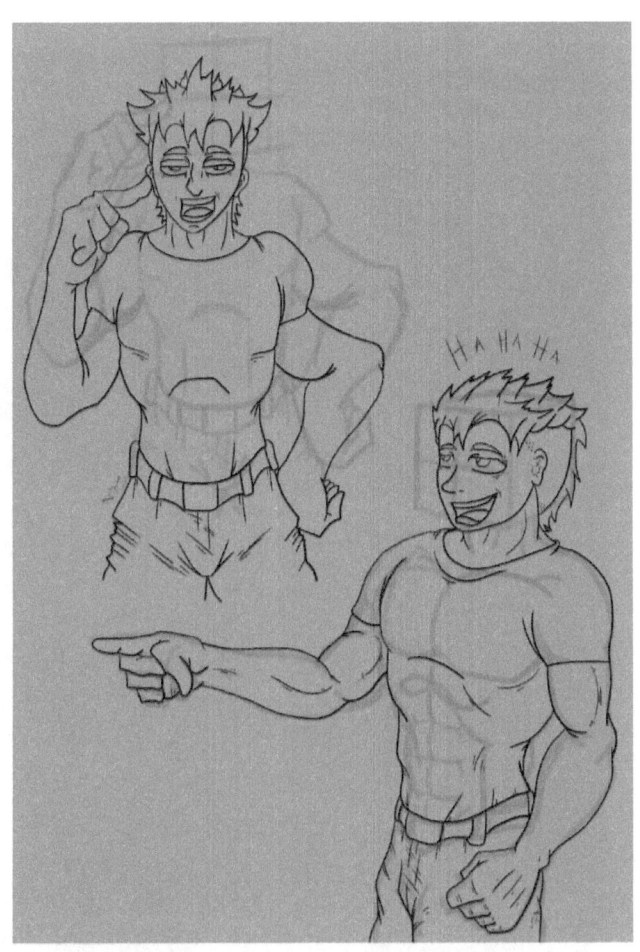

Ahora la felicidad. Aunque podemos dar cierta expresión a los ojos, todas estas expresiones son enfatizadas con la boca, pues no podemos ver los ojos o las cejas.

47

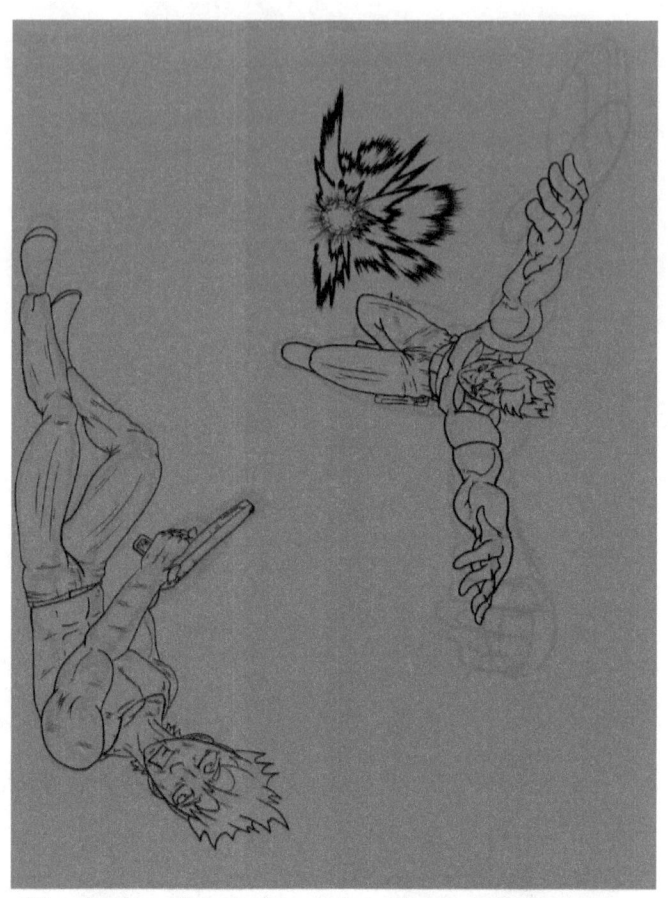

El miedo, al igual que las dos sensaciones
anteriores, se representa igual en las
facciones de la cara, pero este proceso
del miedo se puede acentuar por medio de
movimientos corporales.

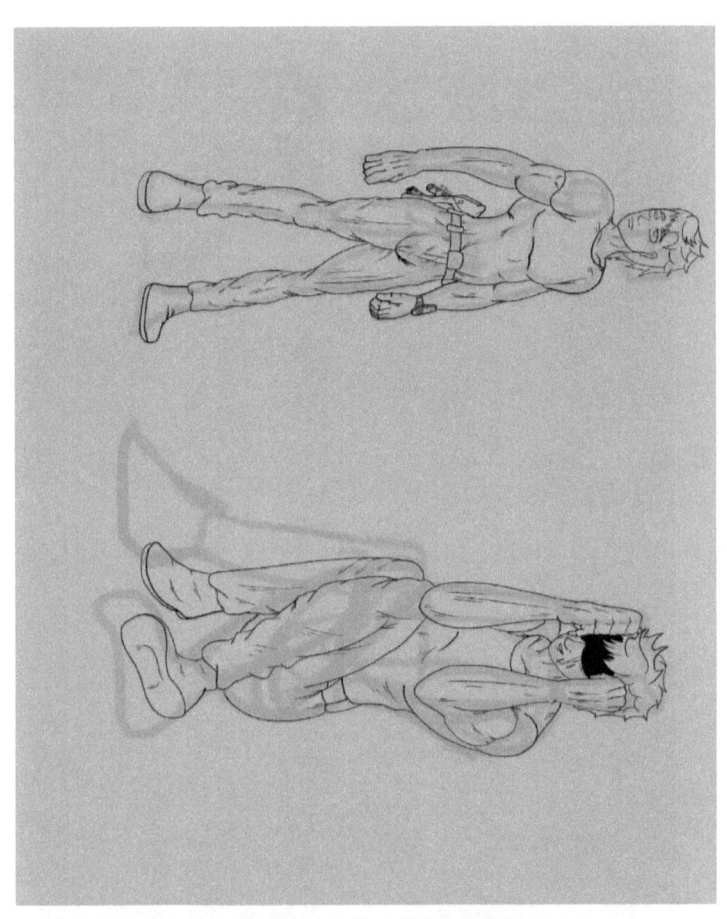

Algo importante que olvidé mencionar es que
cuando hacemos un personaje sea masculino
o femenino, hay que tomar la esencia del genero:
orgullo, sexys, dramáticas, coraje,
vanidad, torpeza, etcétera.

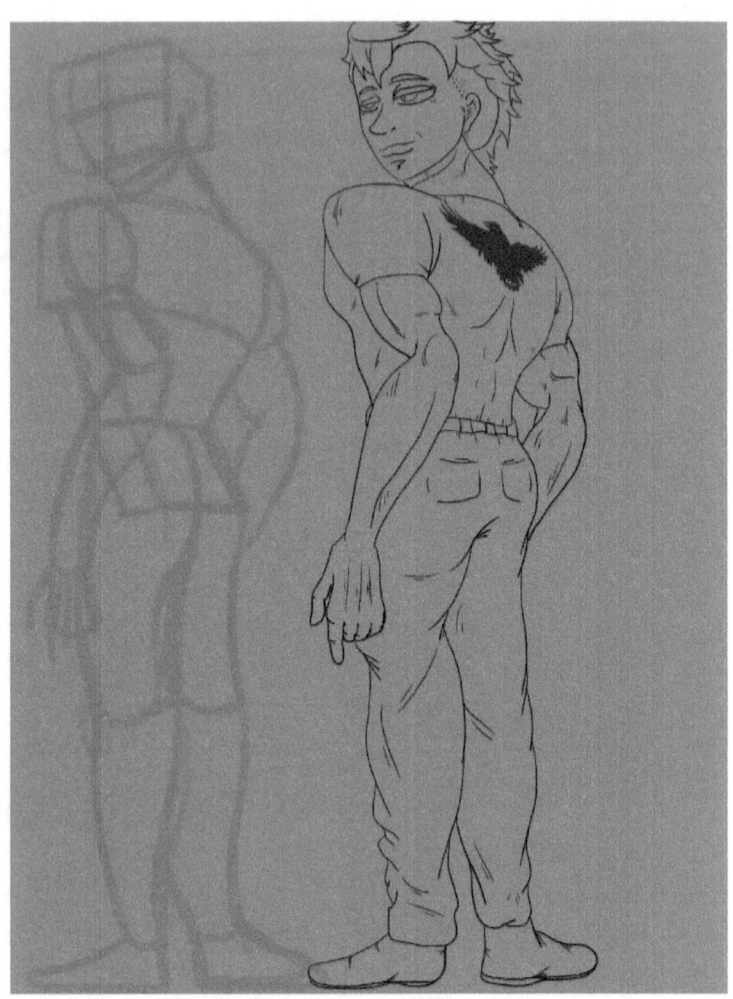

Con todo, se debe de mantener la característica
principal de cada personaje. Si es un guerrero,
todo se resumirá a su labor primordial.

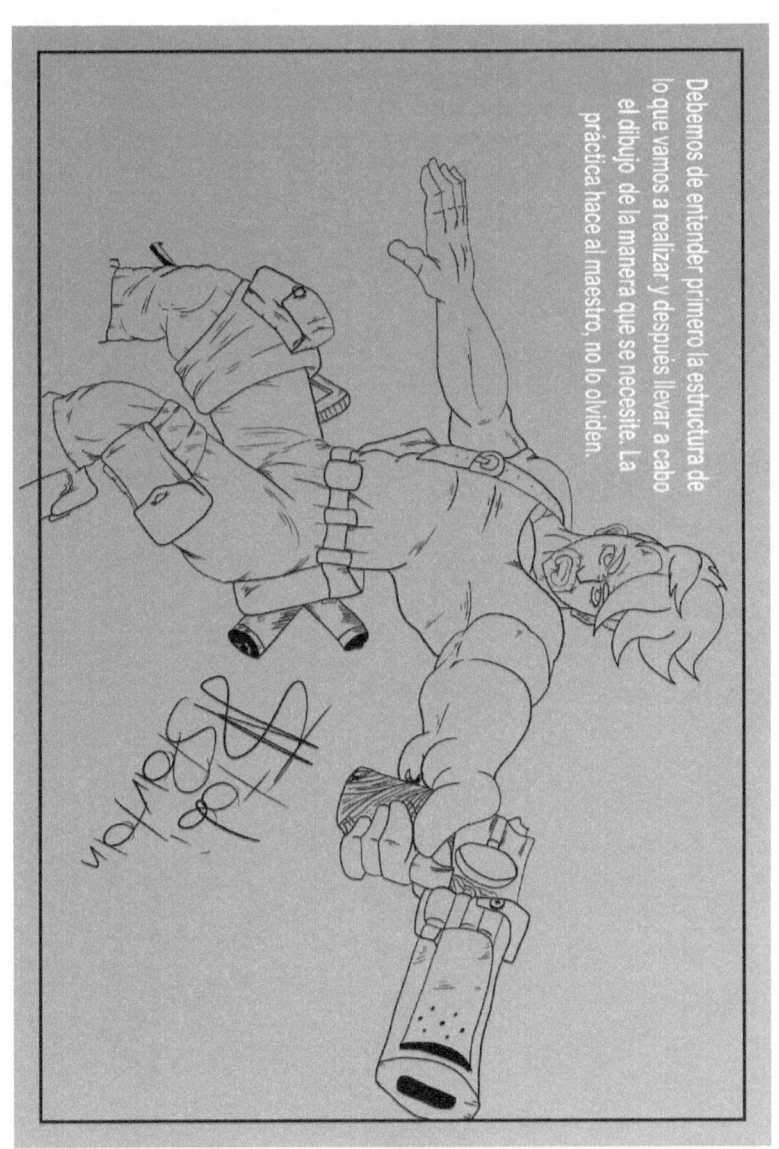

Debemos de entender primero la estructura de lo que vamos a realizar y después llevar a cabo el dibujo de la manera que se necesite. La práctica hace al maestro, no lo olviden.

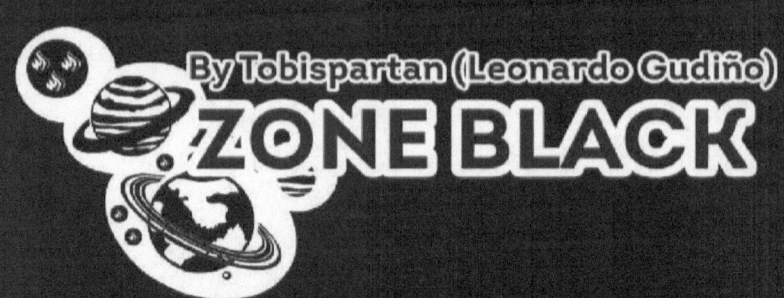

By Tobispartan (Leonardo Gudiño)
ZONE BLACK

Mas del Autor:

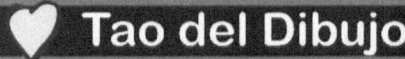

♥ **Tao del Dibujo**

★ **Manual Básico sobre el Graffiti**

★ **Zone Black Raiz**

★ **Fantasía Injusta Unfair Kat**

♥ **El día del Área 51**